Éric BENOIT

Autour du jardin

Aux Anges qui m'accompagnent

Eric BENOIT est né dans le pays-haut Lorrain. Non loin de Longwy, au cœur du bassin sidérurgique, il grandit dans un milieu ouvrier, modeste et riche à la fois. Comprendre, apprendre, saisir, percevoir, se libérer caractérisent au mieux sa quête introspective et sa recherche de sens. Au moulin de sa curiosité en tout, la vie se charge d'apporter les eaux, lourdes et difficiles parfois, mais sources de transformation et de création agissant comme une véritable thérapie, remuant, respirant, changeant la donne, modulant, modelant sa vision et créant le mouvement. La Vie dans sa plus belle acception.

Je t'offrirai

J'irai fouiller le vide, les poubelles de l'enfer.
Je remuerai le ciel, je remuerai les pierres.
Je creuserai mains nues.

Je marcherai nu-pieds pour mieux sentir le terre,
Je me présenterai las, laboureur éphémère
Du sol de mes échecs, aux échardes acérées.

Je m'avouerai vaincu, heureux de n'être rien
Que celui de l'instant, propice à ce qui vient.

Je t'offrirai le monde en collier de pierres bleues,
Je compterai les secondes jusqu'à l'éternité,
S'il en manque une seule, je la rattraperai
Pour ne plus échapper à ce qu'offre la Vie
Et pour ne rien manquer de ce coffre rempli
De perles, de tapis et du bonheur intact,
Du Divin qu'on oublie, de la parole volée,
En somme de la Vie par trop souvent leurrée.

Je maltraiterai le temps, n'en faisant qu'à ma tête,
Je tordrai les minutes et je peindrai les heures,
J'en ferai des tableaux, fous, puis je les brûlerai,
J'en prendrai les fumées pour en extirper l'or.

L'or de tes cheveux, la fumée de ta peau.
Réunissant en tout, ce qui me fait défaut.
Car tout est tout et rien n'est rien.
Tout est fou, tout est bien.

Nixes

Éthéré et mystique, bien vivant néanmoins,
Je me rêve singulier voyageur solitaire,
Lustrant de mes pas souples et mes semelles d'airain
Le sol froid exhalant son haleine planétaire.

De mes longs bras ballants,
De droite à gauche voletant,
J'éveille les herbes, je glane l'or et les rosées,
Les herbes pas encore folles, pas tout à fait.

De pas lourd en pas lent, j'imprime ma présence
En ces lieux familiers de roses et de fragrances.
Au volte-face, je vis les traces effacées,
Par milliers les lucioles balayant mes méfaits.

Je poursuivis plus loin ma quête de Prāṇa
Et respirai, serein, le frais parfum des joncs,
Des feuilles qui s'ébrouent, des écorces qui craquent.

Dans la jubilation fertile de l'aube ensorcelée,
Les lutins et les fées, les nixes affairées
Ne tournèrent pas même l'œil pour me voir passer,
M'éclairèrent seulement de leur subtil dessein.

Mes sens aiguillonnés, hérités du Divin
Me firent subitement découvrir sous l'airain
Celle que je poursuivais.

Allongée alanguie sur l'horizon lointain,
Je la vis, boréale, déployant son Aurore.

Au nom de

Au nom du Père,
Trop fatigué.
Au nom du fils qui a tiré.
Au nom du fils qui a tué.

Au nom de Dieu
Qui s'est trompé.
Au nom du fils qui a failli.
Du Saint-Esprit qui s'est planté.
De Jéhovah qui s'est enfui.

Au nom d'Allah
Qui s'est barré.
Qui lui non plus n'a pas compris
Ces frères et sœurs qui ont trahi,
Ces fols enfants qui usurpèrent
Son nom et ceux de leurs aînés.

Au nom du Père
Ils obtempèrent.
Au nom du Fils
Ils obéissent.

Au crucifix, à la bible ou au glaive,
Qu'importe !
A la dague, la kalach, la grenade,
Qu'importe !
Chemin de croix et de croisade,
Aujourd'hui comme hier ils se lèvent,
Qu'importe !

Stabat

Marie, Marie, Marie...
Il s'en fallut de peu que je ne me prisse pour le Christ.
Marie, qu'avez-vous à me dire que je n'ai pas compris ?

Je vous écoute.
Je vous salue aussi, vous voyant douloureuses,
Mais debout.

Stabat Marie.

Pour ne pas me courber, m'effondrer sous le poids
D'une croix plus facile,
Je regarde devant.

Stabat Eric Dolorosa.

Je croix en vous.
Je croix en moi.

Ma douleur brève n'est que vos larmes lourdes,
Vous me portez de vos mains légères et frêles,
Vous m'éventez du drap souple de votre robe,
Vous me pleurez de la compassion de la Mère.

Mère de toutes les douleurs.
Notre Dame des damnés,
Des damnés de la terre,
Notre Dame des douleurs.

Stabat Mater.

Le temps

Les vitres pleurent tout leur saoul de pluie.
Elles pleurent la pluie qui s'étale
En vastes flaques flasques et molles
Où dérapent mes pas, maladroits et perdus.

L'automne est là qu'égraine le temps,
Qui passe quoi que je fasse.
La pluie qui glisse quoi que je fisse.

Le temps égrène les secondes
Poucet désespéré désespérant,
Et moi je cours à perdre haleine
Éperdument perdu dans mes pensées.
Flic, floc je glisse,
Plic, ploc, tic, toc.
Inexorablement.

Les nuages s'épanchent et s'épuisent,
Le temps jamais.

Alors je glisse et je trébuche
Sans plus savoir si le temps coule
Ou la pluie passe inversement.

Doux

Ce soir,
Doucement.
Dans la froideur grise de la lanterne rabougrie,
Je t'ai caressée.

Doucement.

Sous ma main alanguie, sous ma main allongée,
Au gré de mes câlins, de gestes mesurés,
Tu m'as parlé.

Doucement.

Tu m'as tout dit de tes maux entrevus.
Tu m'as vidé de mes mots superflus.

Danse

Lumière blafarde d'un soir éteint déjà,
Bruit sourd de la lune soulevant les nuages,
Tu glisses dans les feuilles emmêlées,
Tu valses dans les brumes innervées.

Le sang du monde qui s'éteint
Rallume pourtant les parcelles oubliées.

Tu vires, vivant vexé d'un monde envenimé.
Tu valses au son plombé de mes pas enfiévrés.

Valsent, virent et volettent en vos cieux les idées,
Vibrent les sens de l'ivresse et du vent enchantés.

Les Aïeux

Une balade sous les étoiles,
Un à un se relèvent les voiles.

Ce que je vis et vois ici,
Tout cet imbroglio de fils
Entrelacés, entremêlés
Lorsque repassent les années
Les heures et les mois qui défilent,
C'est le passé qui refleurit.

Ils ont vu cette voie lactée,
Parcouru ces constellations.
Leurs yeux parsèment le ciel noir
De leurs empreintes, de leurs espoirs
Ensemencés par la passion,
Celle du regard de mes aînés.

Leur corps et leur vie a passé,
De siècles, en décennies, années
Le ciel lui n'a pas bougé,
Pas cessé de m'illuminer.

C'est un miroir entre eux et moi,
C'est leur visage que j'aperçois.
Chaque naine blanche est un portrait
Que le temps a disséminé.
De moi à eux l'accord parfait
De ces familles recomposées.

Ce soir, ami, je me sens cloche,
Par dizaines je suis observé,
Je m'éloigne et ils se rapprochent,
L'espace, le temps pulvérisés.

Le Feu

Souvenirs d'acier
Et ruines enfumées
Traversent mon esprit
Comme un glaive aiguisé.

L'acier froid de l'oubli,
Lumière bleue de douleur,
Réveille dans ma pâleur
Les minutes alanguies.

À mille révolutions d'ici,
D'entre les cieux tu me reviens
Pour curieuse visiter sans fin
Les lasses minutes endormies.

Allongée sur ton lit,
Le teint frais de l'instant,
Tes yeux bleus adoucis,
Tu attends patiemment.
Tu attends le baiser
Qu'alors tu n'as pas eu,
Celui de l'imbécile,
Heureux, qui ignorait.

Mes songes sont enfuis
Vapeurs âcres, douce-amères,
Rouge-orange la lumière
Et bleu-froid de la nuit.

Le soyeux de ta peau,

Le bruit sourd des métaux,
La courbe de tes seins
Et la rigueur des trains.

Train à fil, à billettes ou train universel,
Tous m'emmènent aux confins
D'une douceur oubliée
Dans les chemins tordus d'une vie torturée.

De la Chiers à Senelle, enfin la Providence
Du retour prodigue de l'âme qui s'enfuit.
Des cités qui se meurent,
Des cités ouvrières, des cités impériales,
Pas celles des Incas mais des ouvriers durs,
Sanglés au pilori, prêts pour le sacrifice,
Laborieux au matin dans le gel, silencieux,
Résignés au retour, trop fatigués pour vivre.

Princesse de mes cieux, princesse dans mes yeux,
Tu es tout à la fois
La force et la faiblesse,
La paix et la révolte,
La colère assoupie,
La fibre viscérale.

Celle qui au jour anime et qui toujours avive
Le feu de mes entrailles.

Mon jardin

C'est le jardin de mon enfance,
Il en est un autre je pense,
Il a doucement fait la trame
De mon histoire avant les drames.

Lorsque je pense aux jours anciens
C'est toujours le même jardin,
Sur la pente rude sous le bois
C'est mon grand-père que je revois.
Ma grand-mère à côté de lui
Courbés ramassant sous la pluie
Fraises, salades et quelques pois.

C'est le jardin de mon enfance
Que je revisite en silence.
Le jardin des après-midi
Qui ne connaissaient pas l'ennui.

Passe la vie, passe le temps,
Ce qui demeure, c'est l'instant.
C'est un souvenir anodin,
C'est mon grand-père et son jardin.

Et je pénètre avec émoi,
La cabane de tôle et de bois,
Le tonneau cueillant l'eau de pluie,
Grand-père y case ses outils.

Le chemin pentu qui y mène,
Dévoile le portillon de planches,
Noisetiers ployant sous les graines,
Le lieu béni de mon enfance.

Cette porte est toujours la même
Que je l'ouvre ou je la referme,
C'est ici que la joie se fait
Quand je m'échappe vers la forêt.

Les genoux posés sur les planches
Ce sont nombre de mes dimanche
Que j'ai passés dans ce jardin
Tantôt le soir ou le matin.

Les fleurs n'y sont pas nombreuses,
C'est un jardin de subsistance
La vie y est des plus heureuses
C'est le jardin de mon enfance.

Passe la vie, passe le temps,
Ce qui demeure, c'est l'instant.
C'est un souvenir anodin,
C'est mon grand-père et son jardin.

Dans le silence de ma maison
Je repense à chaque saison
Où nous allions nous retrouver
Loin des plaisirs galvaudés.

J'y ai usé mes culottes courtes
Courant à travers les allées,
Il a guidé, tracé ma route
Embelli mes vertes années.

Quand le travail fut trop pénible,
L'arrachement était visible.
Avec lui j'ai continué
À tendrement le visiter.

Nous empruntions l'air de rien
Après manger le même chemin
Pour veiller sur ce qui restait
Du jardin qui s'ensauvageait.

J'y vais en lui tenant la main
L'enfant, le grand-père en chemin.
Une barrière, je guette le train.
Là où il m'emmène, c'est demain.

Passe la vie, passe le temps,
Ce qui demeure, c'est l'instant.
C'est un souvenir anodin,
C'est mon grand-père et son jardin.

Ondée

La pluie frappe douce aux carreaux,
Titille discrète mon ouïe,
Fait de ce soir une mélodie,
Que j'écoute en pensant tout haut.

Elle refuse la violence, elle-aussi.
Les gouttes une à une le crient,
Le disent avant de déborder,
Et tapotent pour s'inviter.

Elles persistent à interpréter
Sur les grandes vitres salies
Goutte à goutte cette harmonie
Ornée d'accords étrangers.

J'écoute et finis par l'aimer,
Cette nuée maussade d'ombres,
Qui tantôt plombait mon âme sombre.

Sombre de trop, de trop de gris,
Sombre de trop, de trop d'absence.

Elle est la ritournelle
De l'enfant allongé,
Du dormeur éternel
Sur le flanc droit couché,
Au trou sanglant à son côté.
Mais qui s'éveille. Ressuscité.
Et rit.

Compagnon

Clair de soir, rouge sur le saule
Clair de lune, pas encore.

Demain je t'emmènerai sur les chemins,
Ceux qui mènent à Rome
Ou ceux qui mènent au rhum,
Qu'importe.

Nous marcherons sur les pierres plates
Et sur les sentiers escarpés.
Tu prendras ma main même si,
Même si tu n'en as pas besoin.
Juste parce qu'elle est là, posée pour toi.

Le rouge du soir nous suffira,
Mais nous nous languirons du matin fauve.
Le soir profond nous promet déjà l'aube.

J'avancerai, un pas puis l'autre,
Me calant patiemment dans les tiens.
Et la terre filera sous nos pieds engagés,
Pour y découvrir au plus près du matin
Les yeux du monde et sa peau de chagrin.

Lueur

En plein cœur !

Venu de nulle part, arrivé n'importe où,
Comme une flèche il a percé mon sein.
Ce fut moi que choisit ce rai de bon soleil.
Soleil inespéré pour corps désespéré.

De la force décuplée de l'espace qui s'ouvre,
Du profond du néant et des noirceurs extrêmes,
Plongeant en moi, je le sens me fouiller,
Remuer mes entrailles, déchirer les fibroses,
Arracher les nécroses et recueillir la sève.

Comme un printemps violent qui déloge l'hiver,
S'arrogeant tout en moi sans attendre rien d'autre,
Sa chaleur sur ma peau, sa force sur mes os,
Délie et désoxyde mes membres incrédules.

Dans ce colosse d'airain, je sens palpiter l'air,
Souffler un train de vie et vibrer la matière.

Un sourire survient,
Il effleure mes pensées.
Mais ce n'est pas le mien.

Comme ce doux rayon, cette flèche dorée,
Il entre dedans moi pour transcender l'oubli.

Une histoire

Une histoire.
Je veux raconter une histoire.
Une histoire de rien, une histoire de tout,
Une histoire de rien du tout.

Mais ils s'embrassent bien trop vite.
Ils s'embrasent tandis que j'assiste
A leurs émois désespérés.
Il n'y a rien à raconter.

Je veux raconter une histoire.
Une histoire de rien, une histoire de bon,
Une histoire de bon à rien.

Ils vivent plus vite que je n'écris,
Leur sang bat trop fort pour moi.
Les mots déposés tombent à plat,
Rattrapés par ce qui se vit.

Je veux raconter une histoire.
Une histoire de rien, une histoire de tout,
Une histoire de rien du tout.

Je me résigne à m'endormir
Plus envie de rien raconter,
Je m'apaise pour ne plus quérir
Que les rayons doux de l'été.

L'histoire, les syllabes se brouillent,
Dans les silences, les mots se rouillent.

Dormeur du Val

Dans l'infini firmament que rien ne peut fermer,
Je ne puis m'affirmer,
Infirmer qui je suis.
Fermement je me frôle au satin de tes doigts
Légèrement allongés au dos de mes mains moites,
Miteusement posées telles des moufles usées.

Qu'est ce clou m'a-t-on dit ? Que fait-il en son sein ?
Ce sein qui est un cœur, transpercé par la Vie.
La Vie qui n'en veut plus, pétrifiée par la rouille.
La vie qui perce et creuse, ondule, étoile et plonge.
Partout
La vie quand je souris.
Partout
La vie quand je m'enterre.
Partout
La vie quand la pluie couvre
De longues dagues le soleil et mon ombre.
Partout la vie qui court, partout la vie qui sombre.

Dormeur du val, doucement assoupi,
Je t'entends réciter ta prière à la vie
Quand même elle t'a laissé,
A quitté ton corps jeune, adouci par la mousse.
Elle réveille en tes yeux,
Clos,
Le désir de l'amour, le désir de l'amer.
Amor dolorosa.
Échec et mat amor.
La mort n'existe pas.

René

Petit bonheur du chemin,
Petit bonheur chérubin,
Une étoile dans les yeux,
Un verre dans la main.
Délicat et soyeux,
Un verre de ce vin.

Ce soir c'est le Divin qui s'est invité là,
Tombé à l'improviste au milieu de nulle part,
Il me prend doucement, généreux, dans ses bras,
Comme un précieux présent, tel un nouveau départ.

Sourire de ces mots déposés dans l'écrin
D'une Vie qui se fait fidèle à son destin.
Je retrouve adorée la cuisine de mes jours,
Je goûte à chaque instant le plaisir de l'Amour.
De l'Amour vrai, de l'Amour sain,
Celui qui jamais ne tarit en mon sein.

Bénédiction divine de l'instant qui surgit,
Que je veux regarder comme l'enfant que je suis,
Comme l'enfant que je reste dans cet amour offert
Gratuit et sans désir, que rien ne peut défaire.

La solitude surgit et cherche à s'imposer
Mais je ne suis pas seul, je suis accompagné,
Par les âmes chéries de ceux qui ont passé,
Passé plus d'un instant à vivre à mes côtés.

Je m'éveille en ce jour, ce soir qui est tombé,
Ce soir qui me sourit avant que de faner,
Comme le lilas fugace et les lupins joyeux,
Comme la seconde qui passe et ravive le feu.

Je n'ai plus que cela, je suis riche de tout,
Égalant dans mes bras la douceur de vous.
Vous ici que je ne connais pas,
Mais que je sais, que je pressens tout bas.

Le ciel m'étreint et la lune repasse,
En un ralenti doux où je reprends ma place.
J'appartiens aux étoiles, je m'en remets à toi,
Aujourd'hui, à jamais, à ta source je bois.

Évanoui

Et ceci fut une maison,
Un jardin, des cris et des fleurs,
Des enfants qui doucement s'en vont
Des joies, des blessures et des pleurs.

Et la maison pourtant demeure,
Et c'est moi seul qu'ici meurs.
Ne rien ouïr, voir ces murs lisses,
Ces chambres vides, profonds abysses.

Tout criait en ces lieux, tout chantait,
Mais sur la page lisse et blanche,
Le crayon lui-même se tait,
Ému de me voir qui m'épanche.

Les larmes s'immiscent, le crayon glisse,
Mes yeux se ferment et je repense
À ces temps oubliés, à ces fleurs de lys,
Dont seul mon cœur sait l'offense.

Je plie sous ces mots oubliés,
Je pleure ces heures adorées,
Poursuis ces instants fugitifs
Abandonnés mais encore vifs.

Un nœud m'obture l'abdomen
Tandis que la nuit se présente,
Avant que l'angoisse ne me prenne
Et que le vide ne s'implante.

L'air y est pourtant encore doux
De la tiédeur des été moites,
Des hivers dont on est presque saoul,
De toutes nos pensées étroites.

Des printemps qu'on veut éternels,
Dont on ne garde que l'arrière-goût,
Celui du souffle sempiternel
De fin d'hiver et de dégoût.

Comme je vous aime en ces absences,
Comme j'ai rêvé de ces bruits sourds,
Qui dans leur divine existence
Me rappellent au temps qui court.

Alep

Il était une ville.
Une ville oubliée,
Sous des tapis de bombes.

Tapis qu'on ne soulève que pour mieux camoufler,
Bassesse, lâcheté et ramassis de haine.

Frappes chirurgicales sur les hôpitaux morts !
Morts du feu déversé sous nos yeux inutiles,
Nos yeux fermés encore regardant incrédules,
Nos nombrils étonnés, nos nombrils aveuglés.

Ces yeux pas même honteux de compter les cercueils
Tandis que là-bas à La Haye,
On se prend à vouloir juger
Les restes exécrables de ces pantins funestes
Dont je tairai le nom tatoué sur les fronts
Meurtris de ceux qui gisent,
Allongés dans le froid,
Implorant patiemment justice pour leur âme.

Vingt cinq années déjà.

Tandis qu'on juge le passé, on laisse vilement
D'autres bouchers bourreaux agir en Orient.
Et les diplomates comptent, dénombrent et tergiversent,
Quand en fait ils apprêtent le terreau noir et lourd,
Grouillant et satisfait, des haines, des vengeances
Et des morts de demain.

Cette ville évoquait les parfums,
Des pins et des savons soyeux.

Noircie et écrasée, humiliée et violée
Par les hommes qui font et par ceux qui se taisent.
Elle n'est plus désormais
Qu'un souffle, qu'un malaise.
Avilie
        Lapidée
                Écrasée
                        Pulvérisée

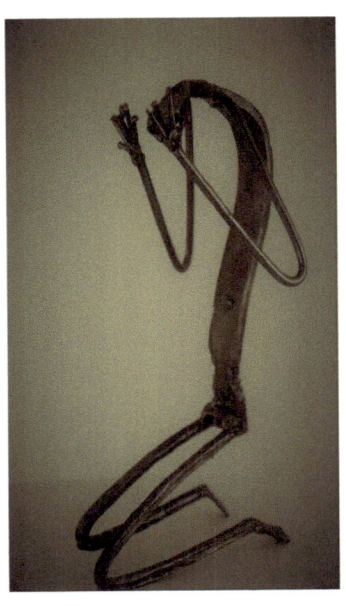

Sacré-Cœur

Il n'est pas plus solide que ma fragilité.
Je pense à toi. Mon Sacré-Cœur s'emballe,
Mon cœur se fait la malle.

Je cours éperdument, j'appelle comme un enfant :
Maman, Maman !

Mon cœur ne répond plus qu'à tes yeux soulignés.

D'un battement plus fort il repousse ce qui peine,
Fait le vide contre lui,
Creuse ma poitrine vide et brise mes poumons.

D'un second battement il exulte, vainqueur.

Au troisième il me parle une langue inconnue.
Et belle.

Le quatrième est une insulte, nourrie de la colère.

Quant au cinquième il dit : je serai le dernier !

Mon cœur fou frénétique frappe de son glas lent
Et scande que je ne suis que l'ultime battement.

Voy-âge

Il est des mondes incertains,
Et des mondes serviles dont jamais ne reviens,
Des nombrils invisibles, sereins autant que fous,
Le cordon de la vie s'enroulant à mon cou.

Il est ce soir une onde souple et douce,
Planant comme l'oiseau recueillant une mousse.
Sur moi se trame encore la soie incrustée d'or,
Laborieux le monde anéanti s'endort.

Que fais-je en ces contrées lointaines,
Brumeuses à souhait, boueuses plaines ?
Que serais-je ici-bas sans ces ailes dorées ?
Qu'un oiseau de malheur par l'amour apeuré.

Suis-moi fidèlement entre ces murs droits,
Assieds-toi avec moi, regarde les vestiges
De l'enfant bienheureux qui doucement s'en va.

Le manque

Il me manque.
Un son,
Un visage,
Un sourire au delà,
Une oreille pour moi.

Il me manque
Une chaleur, une voix dans le soir assombri,
Une voie claire parfois,
Un ami qu'on chérit.

Il me manque
Une lumière orange, un songe,
Un éclat au fond de mes yeux,
Une main qui dans la mienne plonge,
Une main comme un cadeau des cieux.

Il me manque
Des palabres sans fin,
Des bonheurs partagés,
Des lumières estompées,
Des membres qui se frôlent,
Des lèvres qui se prennent.

Il me manque
Un doigt pour me guider,
Une voix pour me dire,
Une salive à goûter.

Il me manque
Des livres à commenter,
Des heures à discuter,
Des films à repasser,
Des joies à ressasser,
Des amis à aimer.

Il me manque
Tout ce que j'ai déjà.

Il me manque de voir.
Il me manque
Un Frère pour m'épauler,
Un Frère à embrasser.

Il me manque
Une Mère pour la suivre,
Une matrice présente,
Une matrice apaisante,
Une matrice rassurante.

Tu me manques.

Raccord

Envie
Besoin
Élan
Et rêve

De câlins
D'amour
De tendresse
De partages

S'appuyer
Rire
Regarder
L'entendre
S'endormir
Et la Serrer

Sur une épaule
De concert
Son sourire
Respirer
Dans ses bras
Sur mon cœur

Écouter
Partager
Entendre
Sourire
Et la voir

Ses mots
Ses maux
Sa joie
En la voyant
En souriant

Écouter
Et glisser

Son silence
Sa main dans la mienne

Glisser
Et oser

Ma tête dans son cou
Un baiser sur sa main

Puis poser son doigt sur mes lèvres.

Fou

Qu'y a-t-il dans cette ombre,
Derrière ces herbes lasses,
et ces plats entrelacs ?

Il y a toi, il y a moi.

Dans l'ombre flottante irréelle
De la jeune lune ajourée,
J'ai vu surgir l'ombre nouvelle
Et le feu du cheval ailé,
Cognant de ses sabots ferrés
Le sol moite et détrempé
Des cris et des pleurs de la veille.

Il court si lourd et fond sur la proie de mes sens.
Il hurle dans la terreur sa volonté d'errance.

Cheval fou de mes nuits,
Je te rêve enivré,
Affolé par l'oubli
De mon salut fiévreux.

Imagine

J'aimerais raconter des histoires,
Que je serais le seul à croire.
Des histoires de rien du tout,
Des histoires qui parlent de nous.

Le flot de syllabes et de rimes,
Je t'aime et je te veux c'est court.
Le flot de cris, de mots d'amour,
Je t'aime et je te veux c'est tout.

Prendre les mots pour ce qu'ils sont,
Et en tricoter des chansons.
Chansons d'amour, chansons d'espoir,
Pour un instant encore y croire.

M'installer devant le piano,
Glisser des notes, coller des mots.
Quelqu'un passerait dans mon dos,
Tout serait alors comme il faut.

Ils arriveraient devant moi,
Seules quelques paroles pour dire,
Il y aurait toi et puis ma voix,
L'émotion pure qui fait frémir.

Ils seraient mille et plus nombreux,
Mais c'est toi seul qui brillerait.
Dans la foule ce ne sont que tes yeux,
Tes mains douces et tes cils discrets.

Cosmos

Mes sentiments alambiqués
S'apaisent de la douceur des brumes.
Mon cœur, ineffable guerrier,
Sourit à mon éveil joyeux.

Le temps,
Vibration ancestrale de l'étoile effondrée,
Glisse comme la brise sur l'ubac ombragé.

Plus rien n'est nécessaire que la Vie déployée,
Que la Vie sublimée par une lune rousse
Et un soleil cuivré.

Je sens frémir en moi dans ce ventre fertile,
Une maternité
Que ma nature même ne pouvait me donner.

Je suis nu à l'image de cet astre irisé,
Irrigué par la vie, noyé dans le cosmos,
Tournoyant sans raison et porté par les vents.

Car tout est là de ces causalités,
Enchaînées, imbriquées, recherchées vainement.
Tout existe et tout n'est
Qu'une illusion parfaite, parfaitement illusoire.

Ici

Aimer à perdre les saisons,
Et laisser passer la raison.

Je voudrais est un temps banni.
C'est le présent que je bénis,
Que seul persiste cet instant,
Cueilli fragile doucement.

Je veux être où mon corps résonne
Sans limite du temps qui pardonne.
Sentir dans mes veines bleues le sang,
En même temps l'air et le vent.
Le sang vif courir et bouillir,
L'air et le vent du soir fraîchir.

L'avenir, le passé sont à d'autres,
A ceux qui ploient, je le leur donne.
Prenez, vous pouvez, il est vôtre,
En moi c'est l'heure pleine qui sonne.

Si seulement

Je voudrais sourire,
À la vie, aux étoiles.

Je voudrais rire au Wasserfall,
Étreindre dans mes bras chétifs
Le monde entier pour mieux l'aimer.

Je me voudrais petit
Et je me voudrais grand.
Je voudrais être.

Je voudrais
Saisir dans ma main toute la clameur du monde,
Applaudir à l'éclat de la réalité,
Et voir la perfection dans cet instant qui passe.
Rire aux éclats puis m'incliner
Devant la beauté sèche et brute.

Je voudrais
M'éveiller à côté d'elle.
Et caresser la solitude.
Me détacher de ce qui n'est
Rien
Et m'arracher à ce qui n'est
Pas.
Sentir non la nuit qui se fait
Mais le soleil qui disparaît.

Je voudrais
Dormir,
Pleurer les larmes tièdes réchauffant ta joue,
Saisir le sens et pardonner l'absence.

Je voudrais
Que soit le cadeau du présent
Que le sol se dérobe sous mes pas.
Ne sentir que le vide du silence enjoué
Des oiseaux du matin.

Je voudrais
La froideur de l'absence qui se fait,
La chaleur du retour que l'on sait.
Être libre.

Je voudrais
Sans faire de mal au bien,
Sans faire de bien au mal,
Écrire au présent !

Toutes

Je suis jaloux des minutes, des secondes.
Celles que je ne sais pas,
Celles où je suis aveugle.
Toutes.

Celles où tu es si loin, si près.
Toutes.

Celles où le ciel blanc nous unit,
Toutes.

Je suis jaloux du temps qui passe,
Du temps qui jamais ne se lasse
De me voir me languir des instants qu'il fabrique.
Ces décomptes qui, sans toi, ne sont plus que cyniques,
Lancinants et sournois,
Harcelant mon émoi.

Leur nature soyeuse,
Leur nature joyeuse,
Se sont évaporées,
Ne sont plus que les flèches,
Crevasses et vertiges
D'un chevalier revêche
Tombant pour le prestige.

Éternelles hirondelles

Quand les hirondelles passent de l'ombre au soleil bas,
Leurs beaux ventres s'éclairent,
Brusquement,
Comme des phares,
Puis s'éteignent à nouveau, dans l'ombre revenues,
Comme des phares.

Dans un ballet galant, elles s'égaient gentiment,
Se gavant de leurs proies, dans la tombée du soir.

Leur cri strident réjouit les plus tristes.
Elles s'affolent en riant, elles jouent en tournoyant.
Tourbillons éternels, féminines demoiselles.

Regard

Mon cœur trop solide se défait,
Les larmes oxydent mon armure,
Font rouiller le métal pur,
Pour de poussière tout balayer.

La tempête des sentiments,
Des souvenirs bout à bout,
Emmène le trop plein de serments,
Démêle l'envie et le dégoût
De l'esprit, du corps trop présents.

Je suis abasourdi d'idées
De révolutions qui s'éteignent
Dans les pleurs vifs et affligés
Des rêves idéaux qui geignent,
Des songes verts et chancelants,
Des rires divins évanescents.

Comme en ces jours brumeux d'hiver,
Je fuis la nuit et son enfer,
Je ris au jour qui se révèle,
Je vis au jour qui m'ensorcelle.
Je ne meurs pas.

Du passé explosant de vie,
Arrimé aux clichés fragiles,
Je saisis le terreau fertile
Du fossé sombre de l'oubli.
L'oubli des jours et du bonheur,
L'oubli d'hier et du malheur.

Je fuis ce que je suis,
Je suis ce que je fuis.
Le présent ne peut m'accueillir,
De l'autre main je vais quérir
La fleur mauve de printemps,
Le passé qui plus ne meurtrit
Mais le passé qui me nourrit.

Rassasié de tout ce qui est,
J'ai soif de ce que je serai.
Cette soif me comble et me permet
Une absolue pérennité,
Celle de l'amour et du cristal.

Les flammes sèchent,
Le flocons brûlent,
L'eau se durcit et je m'observe.

Edutilos

Un mot, un pauvre mot de rien.
Commenté, galvaudé, oppressant, désuet.
Vêtu de mille couleurs ternes,
Vécu de mille façons dans ses mille couleurs.

Il s'invite d'abord, vous habite et s'installe.
Vous enserre, vous oppresse,
Il rend vos matins pâles,
Il salit vos journées,
Modifie les nuances et les tonalités,
Vous accapare alors, pour mieux abandonner,
Oublier qui vous êtes,
Oublier que vous êtes,
Oublier la saveur et la beauté parfaites.

Advient-il par vous, ou l'absence des autres ?
Il pousse en vos entrailles,
Vous oblige au repli, où déjà vous dormez.
Vous mène vers l'oubli, qui demain vous attend.

Il est comme une nimbe,
Un habit de misère dont on n'a pas voulu,
Abandonné un soir sur le bord d'un chemin.
Puis ramassé matin par l'imbécile heureux,
L'âme désespérée, le pauvre hère, le gueux.
Abandonné des siens, abandonné des dieux.
Chiffonnier et biffin,
Leurré par le destin.

Je me retourne alors dans l'euphorie joyeuse,
Celle du néant qui donne et celui qui unit,
Du néant dont on est et du néant qui fait
Que jamais on n'est seul !

Le mot enfin lâché.

Paris Brûle

Notre Dame qui est aux cieux,
Notre temps qui est odieux,
Odieux de trop de Dieu,
De trop d'hommes de Dieu,

Tu brûles de désespoir,
Tu t'arraches les cheveux,
Tu crames de nous voir affligés plus qu'heureux.

Comme une allégorie, comme une métaphore
Tu pointes le chemin que stupide il emprunte,
Lorsque jour après jour, l'homme se sent plus fort,
De sa stupidité, sa suprématie feinte.

Tu hurles, tu te fâches, ils persistent pourtant,
Avilis, aveuglés, éloignés de l'instant.

Notre Dame meurtrie, et nos âmes blessées,
Tu vois l'avidité révélée par le feu.
Notre Dame Vuitton-Bettancourt, hébétée,
Tu vomis le trop plein de cet argent volé.

Deux fois, tu brûles, tu as brûlé,
Deux fois, trois fois sans t'arrêter.

Mal

Et les murs dansent autour de moi,
Répandent sans le vouloir l'écho vil de la vie,
Du carillon joyeux vers le glas lourd et terne,
Jusqu'au tocsin pointu.

Les murs dansent et j'observe,
Abasourdi par la folle vitesse
De ce vortex fou où je perds connaissance,
Malmenant mon corps frêle au gré des flots du vent,
La tête centrifugée, les larmes projetées,
Acides, amères et lourdes, chargées de bile verte.

Le fiel acide qui sourd, fruit âcre de mon âme,
Cristallise mes absences, somatise mes aigreurs,
Recrachant une à une les pierres des erreurs.

Mais fou, je les ravale dans un élan rageur,
Constatant atterré les dégâts de l'oubli,
L'abandon de moi-même, du sens de la vie.

Ce fleuve emporte tout si je m'endors encore,
Mais il me nourrira si je m'éveille alors.

Repos

Loin des lamentations du crâne,
Le calme s'est posé.
Loin des cris alanguis
Et des heures plaintives.

Comme un drap, comme un souffle,
Il est étendu là, sur le monde que j'entoure,
Et dont je suis absent,
Dont je sens l'haleine tiède
Avivant les sourires oubliés de l'enfant,
Caressant l'épiderme se languissant de lui,
Effleurant les chairs qui s'ignorent et se nient,
Consolant la poitrine encore ivre et gonflée.

Il est la présence enviée,
Le cadeau oublié,
Le présent de ce monde.

Il s'offre comme un joyau,
Au tourbillon dément des pensées infertiles.

Sens

Je goûte anticipée la douceur de l'instant,
De l'instant révolu mais tellement présent.

Tout se mêle en mes sens désorientés.

Que j'aime à percevoir ma salive sucrée,
Mes larmes tout autant, leurs cristaux déposés,
Sur le bord de mes joues et de mes lèvres avides,
Tout empreintes de joies, d'émotions acérées
Que plus rien ne retient, pas plus moi que le vide.

Amer

Un café noir,
Rue blanche.

Un petit blanc,
Rue Renoir.

Une pizza blanche
À Rome.

Un rhum blanc
À Pise.

Un picon bière
À Lille.

Et une gentiane,
Amère.

Navigateur solitaire

Tout me disait de t'aimer.
Tout me disait comment.

Et moi j'avais perdu mes sens.
Orphelin d'émotion,
Pupille de la raison.

Je n'étais plus qu'un corps,
Abîmé, démembré, épuisé et vaincu.

Mais par-delà sa chair, mon âme soupirait,
Mon âme se révulsait, mon âme se révoltait.
Emportée par les vagues et soumise aux courants.

Vogue le corps sur les flots.
Vague à l'âme, vague à l'homme.

Veille

Veille, poussière d'étoile
Empreinte fragile du Divin.
Veille sur la flamme puissante,
De la lumière infime que je viens d'éclairer.
Veille sur mes doigts, veille sur mes mains.

Veille sur la poussière du chemin que je trace,
Sur celle de mes os et des cendres éparses.
Ne laisse pas perdre ces instants
d'Éternité aux quatre vents.

Veille fidèlement sur l'Amour que je suis.
Comme sur le chant sacré du bronze
Vibrant de la juste plaie de l'instant.
Et sur la souffrance qui est.
Veille sur moi qui suis ici monde,
Et sur le néant que je sais.

Comme sur le souffle de ma voix,
Comme sur ma voix qui s'essouffle,
Veille par ta voix qui me souffle,
Veille en me touchant de tes doigts.

Veille comme un soleil irisé,
Comme la campanule amusée,
Veille sur la fleur martyrisée.

Veille au grain que je ne moudrai pas,
Comme au vin que je ne boirai point,
Veille à l'ivraie comme au grain.

Veille à l'ivresse de nos vies qui se cherchent,
Comme aux alcools délivrant nos esprits,
Veille à l'éther comme à l'ennui.

Veille à la Pâques,
Comme au sens de nos vies.

Veille au tombeau
Ressorti de la nuit.

Veille à nous, veille à moi
Esclave et serfs de l'oubli.

Sans

Il y a des jour sans.

Des jours sans toi. Des jours sans rien.
Des jours sans quoi, seul persiste le vent.

Qui jamais ne s'essouffle.
Jamais ne se tarit.
Jamais ne réfléchit.

Il souffle et il se donne,
Corps et âme,
Aux pierres comme aux arbres.
Aux forêts dénudées et aux feuilles fragiles.
Aux hommes perturbés, déchirés, sur le fil.

Il souffle mais n'emporte rien
Rien d'autre que des idées
Pour laisser se remplir
Ce crâne défleuri qui ne veut pas périr.

Éléments

Le vent. Les vents.
L'évent pour dissiper, l'évent pour expulser.

Le vent m'apportera
Ce que je n'attends pas.

Le vent m'emportera
Et me désignera
Comme l'élu comme l'édile
Des traces inutiles,
Des tempêtes de l'âme,
Des orages indécents et des pluies incertaines.
Ceux de mon crâne fumant, celles de mes yeux perdus.

Amarré par le temps
Amer et décadent,
Le vent et les marées
Des instants oubliés.

Éventé par la vie,
Évidé de mon sang,
Évincé de mon temps,
Hérité de l'oubli.

File

Sourire et bleu du temps.
Pastel de la nuit.
Jubiler de l'instant.
Je m'efface en rêvant.

Merci

Merci
Pour les maladies que je n'ai pas chopées
Pour les mélodies étoilées
Pour les cons que je n'ai pas croisés
Pour les soirées où je ne suis pas allé.

Merci
Pour ce cerveau et ses pensées
Pour ce cœur qui peut panser
Pour les anges de Carmarans
Pour l'astre du jour au levant
Pour celui que j'ai dans la tête
Pour le brouillard qui s'entête
Pour celui que j'ai dans la tête.

Pour les éclaircies qui viennent parfois
Merci
Pour ça
Merci
Pour moi.

Malaucène

J'aime le silence imprégné dans les Pierres.
J'aime les pierres blanches du safre
Serties des jours heureux et de toutes les tristesses.
J'aime ce voile qui me prend, me fait tourner la tête,
Et laisse désemparé.
J'aime ce manteau doucement déposé
Sur mes épaules frileuses en plein cœur de l'été.
J'aime ces mains qui me touchent,
M'enserrent d'un drap doux, d'un linceul cotonneux.
J'aime le bien qu'on me veut en ce lieu salvateur.
J'aime la saveur intime issue de l'édifice,
Celle de n'être qu'un tout, sans frontière qui soit.
J'aime la sensation d'être au delà de la chair.
J'aime la douceur aussi se posant sur ma peau
Comme la neige sur Noël.
J'aime que rien ne soit plus, que d'être et respirer.
Ces résidus d'encens rapportant les mémoires
Plus volages que celle des pierres immuables
Encore blanches aujourd'hui, érodées par le temps.
J'aime les marches courbées sous le poids des passages.
J'aime les feuillures brutes de la porte sans âge.
J'aime les bancs lumineux où rien n'a disparu,
Où montent sans fin les palabres
De ceux que le culte rebute.
J'aime aussi sur ces bancs le soleil
Qui n'entre pas ici et que pourtant je sais.

Sang végétal

Cette sève étrange et ténébreuse,
Des racines à sa tête puisée,
C'est le sang frais de mon corps lourd
Qui s'éveille au printemps sonore,
Des bruits de l'eau qui chante en lui
Et des amours qui se dessinent,
Des bourdonnements frêles et utiles,
Qui se bousculent sur les cimes.

Les méandres végétales et vivantes
Transportent la puissance vitale.
En chaque atome qui se délecte,
le soleil fidèle se répand.

L'eau court, bouilli par la chaleur de l'astre
Pour gonfler jusqu'à plus-soif
Le tissu des feuilles avides.

À mon réveil encore froissées,
Elles se raidissent et se peaufinent
De l'argent brillant de la lune
Qu'abrège l'or du soleil.
Étoile dont le jaune se reflète
En chaque pétale qui éclot.
Les fleurs pures et simples se plaisent
À imiter ce que le soleil crève.

Tout craque et tout claque en cet azur royal.
La monarchie éternelle sauvée.

Les Éparges

Je me suis éveillé à l'aube.
Aucun bruit.
Pas même celui du vent ou celui de mon cœur.
L'atmosphère lourde d'une journée qui commence et que je sais terrible déjà.

Je me suis endormi sous le bruit du canon, des halètements de mes camarades, des cris de ceux qui meurent seuls, des cris de celui qui se perd dans un sommeil tordu et hanté de démons du jour éteint.
Une nuit a passé... quelques minutes plutôt, que le silence de mon cerveau m'a octroyées.

Je me réveille hagard. Rien de vivant à la ronde.
J'ai envie de crier mais rien ne sort de ma bouche desséchée.
Et ce corps que je ne sens plus, que je ne reconnais plus, que je regarde avec peine tant il me dégoûte.
Ce corps que je voudrais fuir pour échapper au monde.
Tout est pourri de l'odeur de la poudre, du bois et du linge moisis, de la terre salie et des vermines pullulantes.
Suis-je encore ?
Vivant ?
Dans ce monde où tout cède.
Ni moi ni personne alentour n'est animé du moindre souffle de vie.
Fermer les yeux est une torture. Les ouvrir un supplice.
Que faire pour m'arracher à cette glaise collante qui m'absorbe, m'engloutit ?

M'extraire de ce magma infâme fabriqué par les hommes ?
Pourquoi ne pas se fondre dans cette fange épaisse ?
Le dégoût qu'elle m'inspire me pousse à me mouvoir.
Bouger à tout prix pour sauver ce qui est. Ce qui est encore.
Bouger pour tenter de sentir, même l'air irrespirable.

Peu importe qui croisera mon regard, je ne le verrai pas.
Comment croire à la vie quand on est là pour l'ôter ?

Au loin, on s'affaire déjà.
Bruit de métal. Odeur de soupe claire, de vinasse.
On prépare la tuerie, on prépare les tourments.
La fumée, les écrans balayeront bientôt le pâle soleil qui pointe.
Tant bien que mal, je me suis déployé.
Je m'éveille à souffrir.
Je bouge pour oublier.
Oublier que je suis. Vivant. Encore. Encore un peu.
Déjà l'envie de vomir me revient.
Vomir mes tripes et mon cerveau.

Je n'ai plus la force de me battre.
Je suis en guerre, moi qui ne suis que paix.

Inaccessible

Comme un boulet, je traîne. Je traîne mon passé.
Quand les minutes s'égrainent et que le temps me fuit.
Il me dépasse, se joue de moi.
Quand les jours n'en sont plus, quand les nuits se font longues dans un hiver sans fin, j'allume des bougies, j'éclaire ce qui reste du présent qui se fait désirer.

Le monde et le temps tournent à l'envers quand mes rêves m'emmènent vers des réalités que je ne peux plus voir.

Je trépigne de vie et d'amour quand le gel me prend.
La glace enserre chacun de mes espaces.
Je crie que la vie est mouvement, me pétrifie face au commun.
Ma respiration lourde n'est que la trace temporelle des barreaux qui me cernent.
D'un souffle qui libère, je suis apnéiste enfermé.
J'ai beau faire trembler les sens et vibrer la lumière, lourdeur et gravité terrassent l'impalpable.
Plus de doute sur la dualité !
La particule, même particulière, est lourde comme les fumées d'encens qui chez moi rasent le sol plutôt qu'elles ne s'élèvent.
Je mets du parfum dans mon monde, je produis la lumière, j'insuffle de la vie.
Mais la vie est ailleurs.
Pas plus dans la fumée d'encens que dans les notes pointées, les paillettes, les dorures.
Elle est.
Mais qui ne la voit pas peut tant s'évertuer,
Jusqu'à l'usure,
Dans la quête insondable et vaine de l'inaccessible
Qu'on possède déjà.

Une journée au jardin

Poussé par le soleil généreux, j'ai erré au jardin. Longtemps, j'ai humé chaque fleur, touché chacun des arbres, senti la terre, écouté les bourdons avides de nectar jeune, les merles s'entêter en chants d'amour stridents, les tritons s'agiter sous les feuilles de l'automne dernier pétrifiées dans la marre, respiré les odeurs de chaque graminée et la force des bourgeons, entendu le fracas de la sève et des cellules unies se divisant...

Le tapis de primevères tenté d'occuper le spectre complet des couleurs, les anémones, les Blanda et les blanches, les violettes sauvages, les pâquerettes éclatées, le magnolia fou ébouriffé, le cœur de Marie encore timide, les pivoines en devenir comme les ancolies, pavots et lupins, le sceau de Salomon me charmant de son nom et de ses hampes que j'imagine déjà chargées de clochettes blanches, élégant, le delphinium pulsant au milieu du muguet, le cerisier couvert de promesses des cœurs rouges de juin, les fleurs élégantes du saule, les jacinthes timides, les pruniers courageux et fougueux, le platane placide sous nos mains apposées, le chêne encore léthargique mais si puissant en tout.

Tous nous ont parlé et dit leur joie de nous voir, de tendre vers leur plus beau jour, de vivre, éclater de beauté.

Ils nous ont vu comme nous sommes, comme les leurs, moi l'homme-enfant émerveillé, sur mon épaule une fleur juste éclose, Maïssa de son nom.

Promenade

Quelques pas sur un chemin caillouteux,
Des mots brefs et tendres, et vrais, et partagés,
La brillance des sources dans les marnes,
La joie désespérée des tussilages sur les rochers,
Les herbes ploient et les fleurs percent,
Malgré le poids, des hommes et de l'usure.

Et des mots tendres pour comprendre.
Un quart d'heure, un quart d'heure essentiel,
Le seul qu'il nous restait ce soir,
Au risque du retard ou de l'impair,
Mais une priorité offerte, qui change la journée, sa face et ses contours,
Qui la sauve,
Qui d'une silhouette banale en fait un profil noble,
Qui fait, qui change tout,
Qui fait exister l'existence,
Qui fait qu'exister prend son sens...
« Ex sistere », hors de soi, plus près des choses et du présent.
S'extirper du commun pour que le tout s'ordonne,
S'alléger d'inutile et de tout superflu, pour retrouver l'essence.
Une promenade douce et brève
Au clair d'une lune mijaurée,
Un soir comme un autre,
Si différent.

Il est des soirs,
Il est des soirs intenses,
Il est des soirs de sens,
Il est des soirs qui valent la peine
Il est des soirs qui la guérissent ...

Sommaire

Je t'offrirai ...2
Nixes ...3
Au nom de ...4
Stabat ...5
Le temps ...6
Doux ...7
Danse ...8
Les Aïeux ...9
Le Feu ...10
Mon jardin ...12
Ondée ...15
Compagnon ...16
Lueur ...17
Une histoire ...18
Dormeur du Val ...19
René ...20
Évanoui ...22
Alep ...24
Sacré-Cœur ...26
Voy-âge ...27
Le manque ...28
Raccord ...30
Fou ...32
Imagine ...33
Cosmos ...34
Ici ...35
Si seulement ...36
Toutes ...38
Éternelles hirondelles ...39
Regard ...40
Edutilos ...42
Paris Brûle ...44
Mal ...45
Repos ...46
Sens ...47
Amer ...48
Navigateur solitaire ...49
Veille ...50
Sans ...52
Éléments ...53
File ...54
Merci ...55
Malaucène ...56
Sang végétal ...57
Les Éparges ...58
Inaccessible ...60
Une journée au jardin ...61
Promenade ...62

Crédits photographies / images:
Pages 1, 8,25,43,54,64 : Eric BENOIT

© 2019, Benoit, Eric
Edition : Books on Demand,
12/14 rond-Point des Champs-Elysées, 75008 Paris
Impression : BoD - Books on Demand, Norderstedt, Allemagne
ISBN : 9782322191086
Dépôt légal : décembre 2019